WORD SEARCH PUZZLES

LEVEL 2

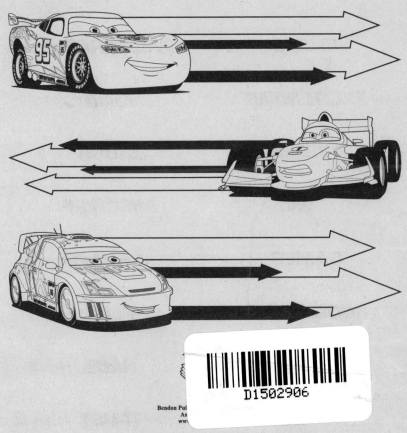

Bendon Publishing
As...
ww...

Materials and characters from the movie *Cars 2*. Copyright © 2011 Disney/Pixar.

Disney/Pixar elements © Disney/Pixar, not including underlying vehicles owned by third parties; and, if applicable: Hudson Hornet, Pacer, and Gremlin are trademarks of Chrysler LLC; Jeep® and the Jeep® grille design are registered trademarks of Chrysler LLC; Mack is a registered trademark of Mack Trucks, Inc.; Maserati logos and model designations are trademarks of Maserati S.p.A. and are used under license; Mercury and Model T are registered trademarks of Ford Motor Company; Darrell Waltrip marks used by permission of Darrell Waltrip Motor Sports; Porsche is a trademark of Porsche; Sarge's rank insignia design used with the approval of the U.S. Army; Volkswagen trademarks, design patents and copyrights are used with the approval of the owner, Volkswagen AG; Audi is a trademark of Audi AG; Bentley is a trademark of Bentley Motors Limited; BMW is a trademark of BMW AG; Mustang is a trademark of Ford Motor Company; Citroën is a trademark of Automobiles Citroën; Datsun is a trademark of Nissan Motor Co., Ltd.; FIAT, Alfa Romeo, and Topolino are trademarks of FIAT S.p.A.; Honda is a trademark of Honda Motor Co., Ltd.; Monte Carlo, Corvette, El Dorado, and Chevrolet Impala are trademarks of General Motors; Mini Cooper is a trademark of BMW AG; Nissan is a trademark of Nissan Motor Co., Ltd.; The trademarks OPEL, VAUXHALL, ASTRA, CORSA, MERIVA, and ZAFIRA are registered trademarks of Opel Eisenach GmbH/GM UK Ltd.; Peugeot is a trademark of Automobiles Peugeot; Piaggio is a trademark of Piaggio & C. S.p.A.; Renault is a trademark of Renault. Background inspired by the Cadillac Ranch by Ant Farm (Lord, Michels and Marquez) © 1974.

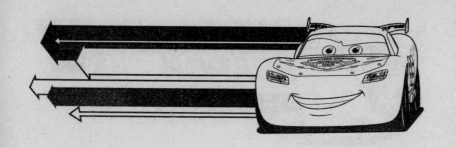

CHASE   INSEPARABLE

EXCITEMENT   KIND

FRIENDS   LAUGH

FUN   MISCHIEF

GAMES   MISHAPS

GOOD TIMES   PLAY

HELP OUT   RACE

HONEST   TRUST

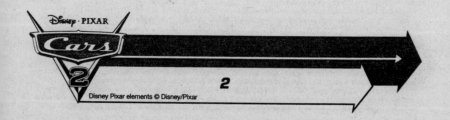

Disney · PIXAR

Disney Pixar elements © Disney/Pixar

O C F Z N M I S H A P S Y D Z G
W V R R R I O U R Q T P L V R R
L T G M E E G A M E S V A L I R
C R P W X O U M R W I P E A M A
Q U P G C E H K I A S T P U N D
N S W O I K K I S S C A B G T Z
P T H O T I Y N I J C E D H P F
B Z E D E N F S K F O H A O E R
H K L T M D F E P I U X I G Z I
Q S P I E A L P O R K N T E M E
I D O M N U Q A M O L M I J F N
P B U E T E A R L H Q W G B F D
W C T S B B Y A L H O N E S T S
G Z S C L P B B Z H Y C R R S V
P L A Y X W R L O R C H A S E D
J A S O G S G E P Q N A G B S K

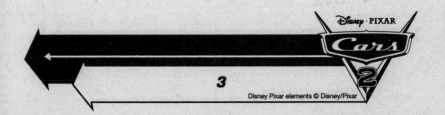

Disney Pixar elements © Disney/Pixar

BAD GUY	**HIDING**
CAPTURED	**MISLEAD**
CHASE	**NO-GOOD**
DANGER	**PLAN**
DASTARDLY	**PLOT**
EVIL	**SABOTAGE**
FOILED	**SET UP**
HIDEOUT	**TRAP**

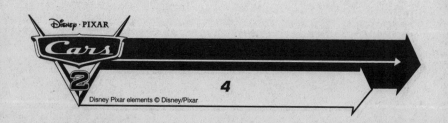

Disney · PIXAR
Cars 2

Disney Pixar elements © Disney/Pixar

```
W U K O B A D G U Y P I M X O R
S C A P T U R E D L T M S U K P
G T T N T A S A B O T A G E R X
S Q X O H I D E O U T K Z A F C
E Y L E Y D D A I T K I M Y E Y
T P J O E K Q O N H I D I N G R
U R X L Z M N I Z I N U A E E Q
P O I A A A I Q V C Q S C G Q Y
C O H D L Q T S E I E C N Z E D
F I N P E N M Y L V O A J O T L
B H O C K F T C D E D R D R O H
E C G Y T K I Y L V A E M O I L
V O O J R X O C W E S D Y Q E Z
I E O R A D A S T A R D L Y I E
L Z D W P U D Z H W Q V S S J E
Y C R B F X F C K B V Y Y T C Q
```

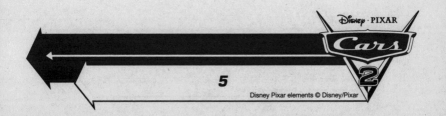

Disney Pixar elements © Disney/Pixar

BOLT	**REFUEL**
BREAK	**REST**
CREW	**SLOW**
FIX	**STOP**
GAS	**TIRES**
LANE	**TOOLS**
OIL	**WHEEL**
PARTS	**WRENCH**

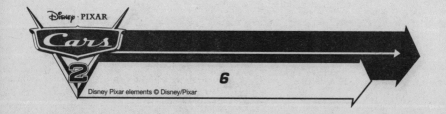

Disney Pixar elements © Disney/Pixar

```
J  O  M  L  I  Y  Q  Z  S  U  E  J  M  U  Y  S
A  P  I  L  U  Z  N  O  T  M  O  Q  D  A  E  L
I  O  M  L  A  V  W  F  O  M  L  U  B  N  N  O
W  H  E  E  L  Q  D  Q  P  T  C  M  A  D  R  W
Z  S  N  W  U  P  H  O  L  D  S  L  E  M  C  F
X  H  E  B  H  M  Q  O  K  R  E  F  U  E  L  T
T  T  F  B  D  P  B  B  C  Y  F  I  C  Z  L  O
Y  B  Y  O  N  A  X  R  A  D  P  I  Q  W  S  O
M  Y  Q  N  F  R  B  E  S  J  Q  P  X  R  I  L
P  I  U  N  I  T  F  S  T  G  U  G  A  S  T  S
E  T  K  Z  W  S  Z  T  C  I  V  V  D  B  B  C
D  K  X  T  R  G  V  H  R  Q  R  W  J  W  J  T
H  J  A  N  E  V  K  Q  E  J  X  E  X  U  U  H
R  P  K  U  N  R  O  Q  W  H  P  N  S  B  G  P
P  L  E  A  C  N  Z  B  R  E  A  K  G  R  G  J
A  R  I  K  H  B  Z  R  S  R  R  L  A  E  U  K
```

Disney Pixar elements © Disney/Pixar

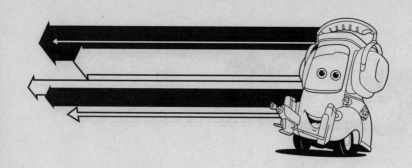

ACER	DISTRESS
AGENT	FINN
CAMERA	GREM
COMPUTER	ISLAND
CRIMINAL	MISSION
CRUSHER	MONOCLE
DANGEROUS	OCEAN
DERRICK	PROFESSOR Z

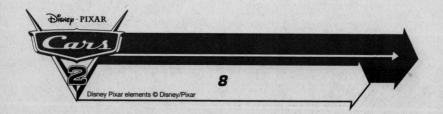

Disney·PIXAR
Cars 2
Disney Pixar elements © Disney/Pixar

```
N G R E M K G S X S V D R E B L
K Y O G B Z M X W U T A Y H N I
G C R I M I N A L Z D N Y M D U
X Y H F I A B L F D Y G I I I T
N C R W L C A M E R A E S S S L
F Y H D N E S O G A E R G S T V
I X T K W R Z O H L H O S I R Y
D C R U S H E R C U Z U A O E T
D A J I U N G O Z O Z S M N S Q
T D W S A K N O C E A N P Q S K
O E U L G O P K D V F I N N Q X
N R E A M S E A G E N T M T B S
J R L N F L C O M P U T E R A P
C I U D Y N N S C R X G B Y Z Y
C C Y D I Z T D F L K R F D R M
L K H T P R O F E S S O R Z Q Y
```

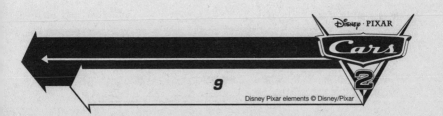

Disney Pixar elements © Disney/Pixar

CHASE	INVESTIGATE
CORNERED	MISSILE
ESCAPE	PROPELLER
EVIL PLAN	SECRET AGENT
EXPLOSION	SUBMARINE
EXPOSED	TRANSFORM
HELIPAD	UNCOVERED
HYDROFOIL	UNDERWATER

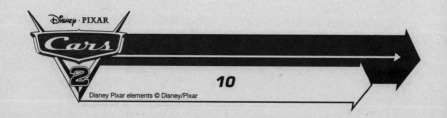

Disney Pixar elements © Disney/Pixar

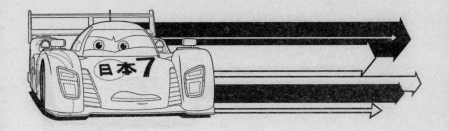

U N R B E M M V G N B G J K M Z
N O X E N V F Q E H X R Z I K Y
D U F U S D I L G O D S R H H S
E Y N Q X C I L N G E F D N Y P
R H I D G S A O P F A E Q U D R
W Z F N S P I P M L S F T N R O
A J A I V S Q R E O A N S C O P
T H M N O E O E P E E N U O F E
E P E L B F S X Y G P Y B V O L
R T P L S O E T A F G K M E I L
T X A N I B E T I P B O A R L E
E K A U S P E J W G D I R E U R
T R T K Z R A Y D Q A Z I D H F
T D F Z C K D D G A S T N X F F
D M O E A X C H A S E U E U K H
U Z S C O R N E R E D K F R E I

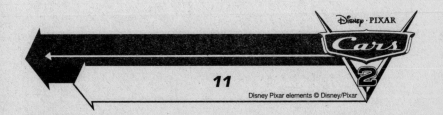

Disney Pixar elements © Disney/Pixar

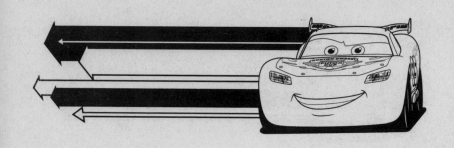

BRAGGING	PIT CREW
FILLMORE	RACING
FRANCESCO	RESTAURANT
GUIDO	SARGE
INTERNATIONAL	TEAM LIGHTNING
ITALY	TOKYO
JAPAN	WHEEL WELL
LUIGI	WORLD GRAND PRIX

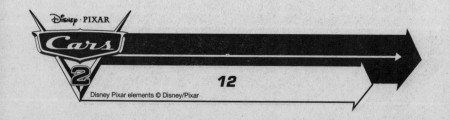

Disney Pixar elements © Disney/Pixar

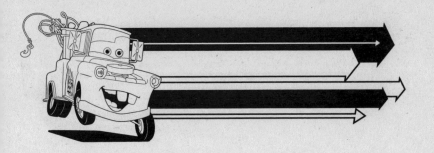

```
M R F O E L E F R A N C E S C O
H E R B S O B R A G G I N G H R
J C E T I B N R A C I N G H U B
S F M F I L L M O R E I T W O U
A Z D Y T A C B G F T B O P B F
R K W M C M H G D G U I D O O Y
G Z I N T E R N A T I O N A L O
E W O R L D G R A N D P R I X T
R R F Y P V J F J A P A N W P O
R F L U I G I S C M R D X Y J K
T W H E E L W E L L V I L X B Y
W Y C Q H Z S K W O W A X R N O
R E S T A U R A N T T J M U B P
Z W T Y G N X Q G I H E J E R Z
T D T E A M L I G H T N I N G D
E P R R P I T C R E W Q Y W M V
```

Disney·PIXAR

Cars 2

Disney Pixar elements © Disney/Pixar

CONTINENT	**NEON LIGHTS**
CULTURE	**PIT CREW**
FILLMORE	**SARGE**
FLIGHT	**SIGHTSEE**
GUIDO	**TOKYO**
JAPAN	**TRANSATLANTIC**
LUIGI	**TRAVEL**
MATER	**VOLUNTEERS**

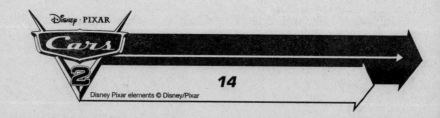

Disney Pixar elements © Disney/Pixar

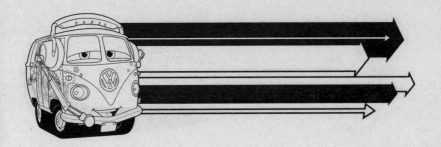

```
K F L I G H T J O R T Z I X L P
C C U L T U R E L L W R I N K T
O P O W S A R G E P S E A L I Q
N Y V U O P T S J A P A N V G X
T T O O N H R Z F U I H E H E H
I I L N R L A H H T R S O F A L
N P U T X D N V W E Q Q N Q D V
E I N L F D S R E F S O L J L P
N T T U L U A S W Q Y G I O V B
T C E I A X T J F K D O G Z K M
V R E G W H L S O E V R H L Y A
V E R I G G A T K Q R Z T O K T
O W S I O M N S D R N R S L S E
L Y S I J F T F I L L M O R E R
O G U I D O I R V G G O R K P Q
E J L G N D C M O W U U V V G R
```

Disney Pixar elements © Disney/Pixar

AGENTS	HOLLEY
ALLINOL	MISTAKE
AMERICAN	PARTY
AXLEROD	RADIATION
BATHROOM	SECRETS
CAPTIVE	SPY DEVICE
CORNERED	TORQUE
EMBARRASSED	WASABI

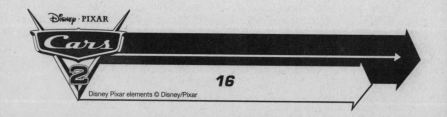

Disney Pixar elements © Disney/Pixar

```
Q L O M U W B Y B M I S T A K E
R J W B L X A I U U U Y H X S A
J L A X M D T I X S E C R E T S
E I S C C G H R K X T O R Q U E
N C A A O Q R A D I A T I O N D
H T B L R R O V H O L L E Y E Z
X T I L N S O N C Q F I L S V D
Z G Y I E W M M H N H T S P E D
R E V N R W O N W D N A N C O G
K E V O E O J N C A R O I R L E
A Y C L D I L R C R Q V E Y V Y
A G E N T S X I A B E L T I P Q
O T D V A N R B I D X R T Y R L
Z S G F Z E M C Y A A P H V Q T
J R L N M E O P F P A Y D F I F
V M N A M E S X Q C Q Q L M Z G
```

Disney · PIXAR

Cars
2

Disney Pixar elements © Disney/Pixar

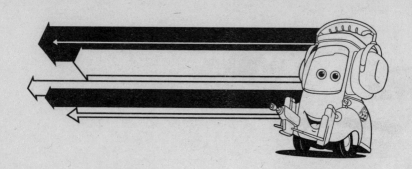

ANGRY   HEADSET

BLOWN ENGINE   IN LOVE

CONFUSED   LEMONS

DIRECTIONS   LOST

DISTRACTED   MICROPHONE

FIRST RACE   NIGHTTIME

HEAD-TO-HEAD   WGP CAMERA

HEADLIGHTS   WRONG TURN

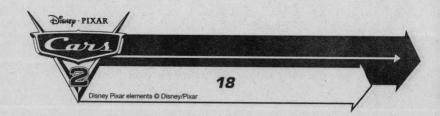

Disney Pixar elements © Disney/Pixar

```
O V Z D K E N L X M H N G S M B
D I S T R A C T E D K H Q D I Y
P U I V A N G R Y E X H E I C V
W I Q B H E A D S E T N L R R W
W G P C A M E R A G I T E E O I
C V H D H R O A L G M I M C P N
N O Z E W I N I N H H G O T H L
I F N R A P X E W E D T N I O O
G I E F G D N F R A K P S O N V
H R O K U W L Q O D T I S N E E
T S B T O S C I N T Y M V S S K
T T F L R I E A G O P M O U G N
I R B T G K R D T H A K T F L X
M A Y W B P T M U E T U O L Z I
E C Z P K P T F R A L S L O S T
B E R V G D G O N D Y B E Q F Z
```

Disney PIXAR

Cars 2

Disney Pixar elements © Disney/Pixar

ALFA	**LIGHTNING**
CARLA	**MAX**
COMPETE	**MIGUEL**
FAMOUS	**NIGEL**
FRANCESCO	**RACERS**
GRAND PRIX	**RAOUL**
JEFF	**RIP**
LEWIS	**SHU**

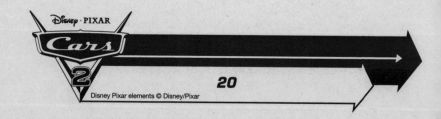

Disney Pixar elements © Disney/Pixar

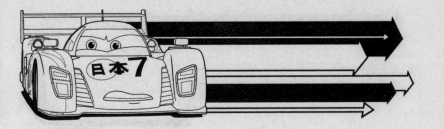

```
L P K E B P G V F A M O U S R V
A C X D C S C C O H Q O F R U D
T T M Z I L A A B R A M A X K O
C N W W E M O R K Z R N F C Z N
D O E G M P Q L T S A O R I U G
U L M L E O R A X R C R A Z Z R
Y K D P I C I F L E E I N E X A
X X I V E G C H C P R P C X H N
R R M E X T H T R A S B E G E D
S A Y I W D E T L C X D S C W P
W F O V G T S E N Z I Z C T U R
N H M U D U G W Q I R X O H N I
R W N Y L I E J A G N V Z S G X
A P C S N Q X L S L S G E P M T
X J X B A M F S Q D F W P U H B
S H U V Y P K B M F R A J E F F
```

Disney Pixar elements © Disney/Pixar

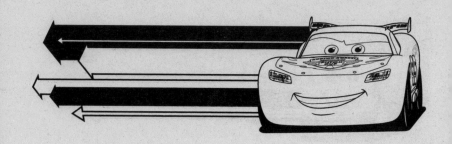

AIRPORT	**HOLLEY**
ANGRY	**JET**
ARROGANT	**LIGHTNING**
BACKSTREETS	**MARTIAL ARTS**
ESCAPE	**MEETING**
FINISH LINE	**MYSTERIOUS**
FINN	**PIT GARAGE**
FRANCESCO	**TARMAC**

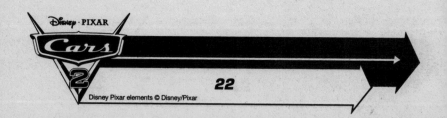

Disney Pixar elements © Disney/Pixar

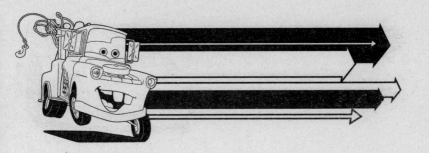

```
L Y W K R Y L Z G N P M W T W M
I U F R A N C E S C O A F A L P
G M Y S T E R I O U S R K R P X
H R O I T B N V E A C T G M H D
T T R D W P Z S F N A I C A A K
N L V G F I W H I G R A B C M X
I Z K D G T A O N R R L A I P M
N R Y I Q G I L I Y O A C D Q X
G U F N F A R L S H G R K D A E
R C T N P R P E H B A T S I H X
C T U G N A O Y L C N S T Q C E
M E T T T G R P I U T I R K V F
E S C A P E T J N S W Z E O M I
W P I A X E M F E R G E E V W N
Y M E E T I N G P T J P T R J N
K Z F U P R Y O S P D U S N R P
```

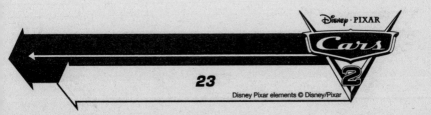

Disney Pixar elements © Disney/Pixar

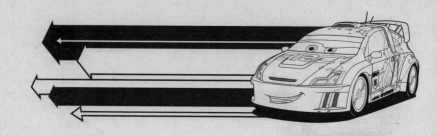

BAD ENGINE	**PHOTOS**
BEST FRIEND	**RADIATOR SPRINGS**
EXTRACT DEVICE	**REALIZATION**
FLIGHT	**REPLACED PARTS**
GAS-GUZZLER	**RETURN HOME**
INFORMANT	**SAD**
LIGHTNING	**SAFE**
MATER'S NOTE	**WHITWORTH BOLTS**

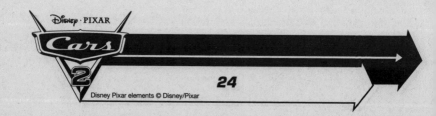

Disney Pixar elements © Disney/Pixar

```
Y A F L I G H T O M L T S A F E
E Z V R E P L A C E D P A R T S
H I N F O R M A N T N A F S G G
B Y C S B Q Y E T O E S T N R I
M U E J A V O E I T O L I E R B
R J B T P D I T O T O R L B E E
L X Z H J X A N O B P Z G A T S
J B T F J Z S H H S Z E J D U T
W J G N I R P T R U L V O E R F
L K V L E O R O G O O Q U N N R
H Q A T S O T S B K V Z R G H I
S E A K W A A X N W U W C I O E
R M N T I G K J E G X H Y N M N
O O I D J G W Z C L H A D E E D
A H A E X T R A C T D E V I C E
W R S J E L I G H T N I N G H V
```

Disney Pixar elements © Disney/Pixar

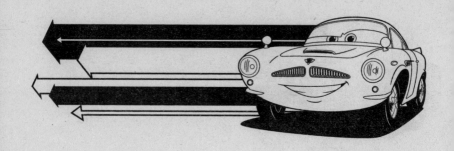

ADVICE

APOLOGIZE

GADGETS

GUIDO

HENCHMEN

HOMETOWN

ITALY

LEMON

LUIGI

PARACHUTE

PORTO CORSA

ROCKETS

SECOND RACE

SECRET MEETING

TEAM LIGHTNING

UNCLE TOPOLINO

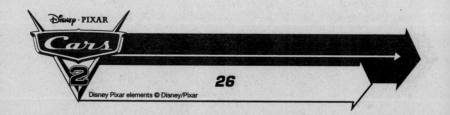

Disney Pixar elements © Disney/Pixar

```
R B K J Y Z D C K F L E M O N H
H O M E T O W N S P E S N D Q Y
O V R S S U O T V Z O I H O T Y
S Y J S S T E T I S L B H P E X
E F N U E K V G N O W E E O A G
C P I V C C O Z P C X R N R M A
R L U O W L O O G E Z F C T L D
E G R R O P T N E J G R H O I G
T C Z P C E A C D X W I M C G E
M S A D L Y I R N R G R E O H T
E L C C L V I G A W A P N R T S
E H N A D O K E R C Z C J S N L
T U T A D I T E N E H E E A I I
I I Y I T E G R M X Q U G R N K
N I U D Y C M G V A V I T I G S
G G E H A K L U I G I E W E H F
```

Disney·PIXAR

Cars

2

Disney Pixar elements © Disney/Pixar

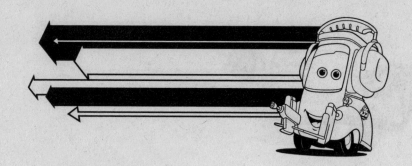

DANGEROUS

DEVICE

DISGUISE

FRIENDS

HOLLEY

HOLOGRAPH

INFILTRATE

MATER

MEETING

MEMORIES

MISSION

OUTFITTED

REMOVE DENTS

REPAIR

TRAIN

UNDERCOVER

Disney·PIXAR
Cars
2
Disney Pixar elements © Disney/Pixar

```
E F Q H O L L E Y K S I P B H C
N N K I I M E M O R I E S R E D
D A A Q I N F I L T R A T E M C
E L D A N G E R O U S S G M Y U
V X H O L O G R A P H E I O P Q
I M I S S I O N J E U D D V O T
C O W F Z W M Q G Y N I W E H O
E C U I T B C N U T D S Q D T K
C R B T L M I W W X E G P E N L
H E R Y F T R V O B R U F N S C
B P K H E I X D Q K C I R T M R
X A L E N O T G R W O S I S A F
F I M P Z L X T A H V E E R T U
H R R A H Z O C E M E R N A E E
O W L K T R A I N D R J D B R G
J Q Q L T U K K J I T W S O D D
```

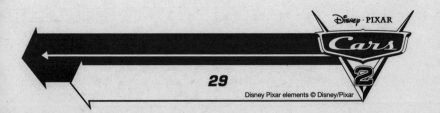

Disney Pixar elements © Disney/Pixar

ALLINOL	HOLOGRAPH
ALTERNATIVE FUEL	LEMONHEAD
BIG BOSS	LISTEN
CASINO	MICROPHONE
DISGUISE	OIL
ENGINE	PLAN
GASOLINE	TV SCREEN
HEADSET	WEALTHY

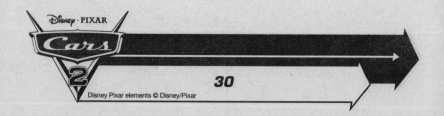

Disney Pixar elements © Disney/Pixar

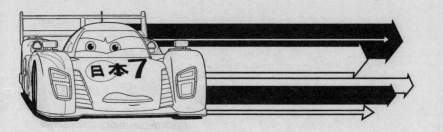

```
D Q P G P K D I S G U I S E E Q
A F V Y Z L T H P F Z X O Y B P
O J X N D L A V O N N T I A X F
H D H I N J Y N S L O A L C K L
X H E A D S E T X C O U H B S T
D W E A L T H Y K F R G V O H S
G L K Z U L I S T E N E R T J O
H L E M O N H E A D Q V E A L L
P I P H W H A T D T P N S N P O
A H N X A L L I N O L X K G Q H
C G Y F L U E E N G I N E Z A B
A A L T E R N A T I V E F U E L
S M E U R D C M U K Z E Q O H Y
I Q X O I S Y L G B I G B O S S
N P G A S O L I N E A K L X H H
O M I C R O P H O N E H S L Q Y
```

Disney Pixar elements © Disney/Pixar

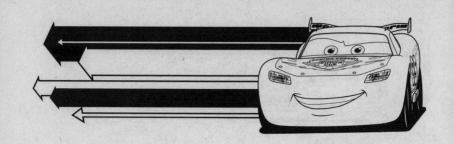

BLOW UP	**MAGNET**
CAPTURE	**PILE UP**
CARLA	**RACETRACK**
DANGER	**REALIZE**
ESCAPE	**SABOTAGE**
FINN	**TOWER**
FIRST PLACE	**WGP CAMERA**
HELICOPTER	**WRECK**

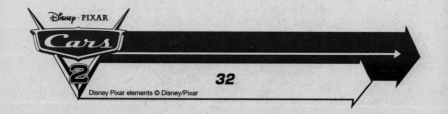

Disney · PIXAR

Disney Pixar elements © Disney/Pixar

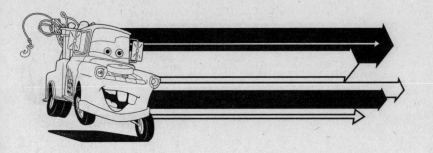

```
Y A E R T I A R X Y W P C Y R D
D I A H Q W Z D T K R T J J F I
D S A B O T A G E U E C P S I B
F A S J H B H N R H C A F G R Y
B I N Q A C X E G O K R X U S B
Z B N G F C W C L I D L W J T Y
Y D R N E O Z J L I S A W X P J
D F Y A T R Q V T X C I V R L Q
E V E S C A P E R T B O E V A I
K U I Q N E N C A E D L P S C W
Q V T Y O G T G A I A Y O T E Q
M P F K A Q G R B P W L O W E N
X K J M M O Y L A A T Y I I U R
R C U T W Z I F A C I U X Z Q P
H P I L E U P U E U K W R X E M
C Z W G P C A M E R A C G E X F
```

Disney Pixar elements © Disney/Pixar

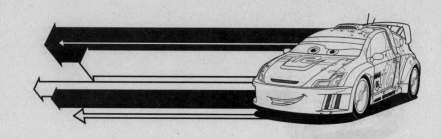

ACER	*HELICOPTER*
AGENTS	*HOLLEY*
BLOW OUT	*LOOKOUT POINT*
CAPTURE	*MAGNET*
CRASH	*PORTO CORSA*
CREVASSE	*RACETRACK*
FINN	*RADIATION CAMERA*
GREM	*TOWER*

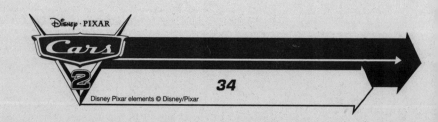

Disney · PIXAR
Cars
2
Disney Pixar elements © Disney/Pixar

```
P F I N N B A K Z J T O W E R R
R O N E A G K F M L R R C G M E
L B R C R A S H G R E M O C A Q
X J L T R V M O C R E V A S S E
B R T O O C A P T U R E L L B O
A W A S W C W H G V T P G K I U
J H W C L O O K O U T P O I N T
H N H M E K U R D V K L M I W F
A C E R A T X T S I K L H Y H I
C X S O U G R J Z A A G E N T S
W X X Y U B N A J S H M C D Z K
R K R Y L Y X E C Y C C P R M Q
G H O L L E Y Y T K P X A V O U
R A D I A T I O N C A M E R A U
E B V J H X B P U A P K L U V V
S D D N J X H E L I C O P T E R
```

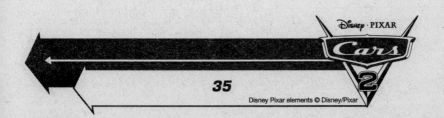

Disney Pixar elements © Disney/Pixar

BIG BENTLEY	**KNOCK OUT**
BLAST OFF	**PRESS TENT**
BOMB	**RADIO**
CAPTIVES	**RESCUE**
FLASHBACKS	**TIED UP**
FLEE	**TRICK**
HIDDEN	**WARNING**
KIDNAP	**WINGS**

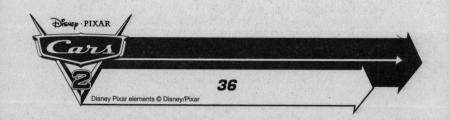

Disney·PIXAR

Disney Pixar elements © Disney/Pixar

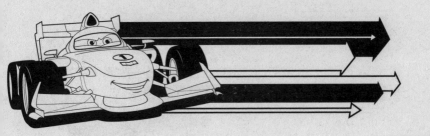

```
C A P T I V E S F V O F L E E P
W V S Y U I E O B T F N O R K P
A R V N C U Z J D Q L N H Y N R
R U V D C O B X T X A X Q R B G
N H H S A X F N O L S B A Z H W
I K E S K A E K S E H W O N N N
N R I C T T N G N Y B P D M M Q
G K I D S M N G F O A H Z A B W
E R X S N I S F X D C N C N Z Q
T H E B W A O X K M K K I N E W
H R I M H T P B Y J S U O M D W
P I X D S B W P L M G G X U U R
W K V A D V I S X W C W M E T M
I A L D O E B I G B E N T L E Y
Y B M W K O N V X I M V B R E P
R A D I O M P C T I E D U P M V
```

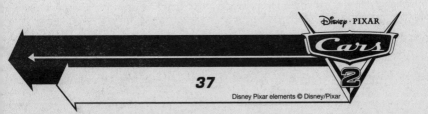

Disney Pixar elements © Disney/Pixar

ACCIDENT

NARROW ESCAPE

BIG BOSS

PHOTO FINISH

DISGUISE

PILE UP

FIRST PLACE

PLAN

FLEE

PROFESSOR Z

GADGETS

SHU TODOROKI

LIGHTNING

WINNER

MATER

WRECK

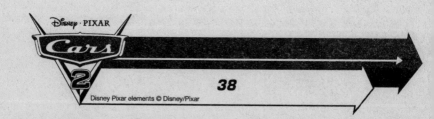

Disney Pixar elements © Disney/Pixar

```
W B I Y E K A A Z T M A T E R T
P V R A O F I R S T P L A C E Z
P O I C S N K R W P G S I X T S
D B L C H A Q K B F P P W L Q O
I I I I U R U U X P I H I N G A
S G G D T R X J W R L O N S C B
G B H E O O T G Y O E T N W F W
U O T N D W F N R F U O E R V D
I S N T O E Q B G E P F R E Q J
S S I A R S Z X A S V I M C M A
E P N A O C C H D S X N Q K B E
J O G Z K A V L G O J I Q C E S
P L A N I P K T E R Y S J L T A
B G R D C E K L T Z E H F Y D U
W B X A U K R F S V B V Q G V S
Z P Z T S M O U A U N T G H F Q
```

Disney·PIXAR

Cars
2

Disney Pixar elements © Disney/Pixar

BATTLE

CAPTURE

COMBAT SHIP

DEACTIVATE

FRIENDS

GRAPPLING HOOK

LUXURY BOX

PIT AREA

PLAN FOILED

REALIZATION

REUNITE

ROCKETS

THAMES RIVER

TIRE GUN

WHITWORTH BOLTS

WORRIED

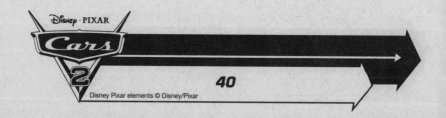

Disney Pixar elements © Disney/Pixar

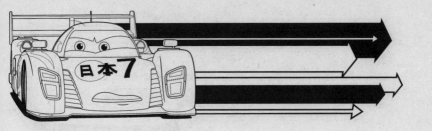

```
C A P T U R E T Z T V G U A G K
Z P L E C O M B A T S H I P R L
T L R W Z N V O F K L L Q Y A C
I A R H X S S W R S M U J U P V
R N E I T K D U I E W X Y C P R
E F A T H I F S E Q K U S F L O
G O L W A X V D N B N R I F I C
U I I O M W L E D A T Y Q C N K
N L Z R E O P A S T T B B F G E
F E A T S R I C Y T R O J X H T
N D T H R R T T L L R X J B O S
M Z I B I I A I I E A Z H U O F
B V O O V E R V G Y L P G G K Q
H C N L E D E A V U Q Z H V O R
A G J T R N A T P R E U N I T E
W R K S J E R E G M L B P X E O
```

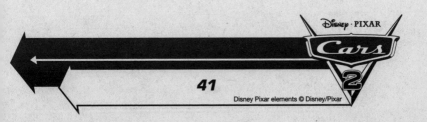

Disney Pixar elements © Disney/Pixar

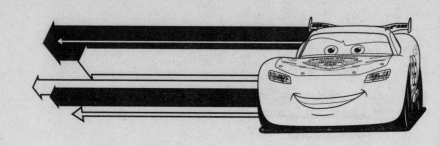

BLAST OFF

LASSO

CAPTURE

LIGHTNING

COMBAT SHIP

MATER

CRIMINAL

PURSUE

DEACTIVATE

RACETRACK

FRIEND

REMOVE THE BOMB

GUIDO

RESCUE

HIDDEN WINGS

ROCKETS

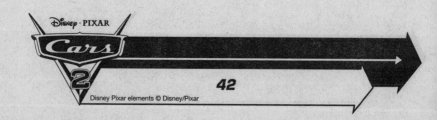

Disney · PIXAR
Cars
2
Disney Pixar elements © Disney/Pixar

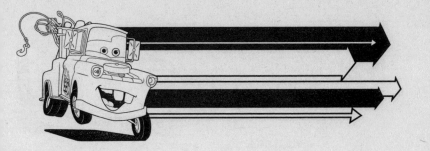

```
E Q Y U R I I T J Z G D E M V D
E S R W E Q S D V U L H T L I U
R A A S M F R I E N D I S I L C
V A W G O J L A O C F D B G X O
P A C O V Z Z K G W D D C H R M
N B B E E I O L G K L E C T E B
I L V C T A M V U R S N A N S A
U A T R H R W L I O B W D I C T
K S J I E V A F D C R I P N U S
M T D M B T I C O K Q N L G E H
C O P I O B C Q K E L G Y L M I
Y F U N M K S Z G T K S T X V P
H F K A B P F Y D S P U R S U E
M W N L D E A C T I V A T E K A
T I Q T L E U U P M A T E R Z J
Z C A P T U R E L L A S S O Q P
```

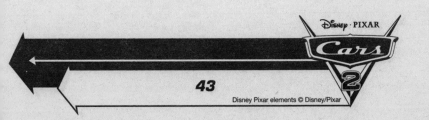

Disney Pixar elements © Disney/Pixar

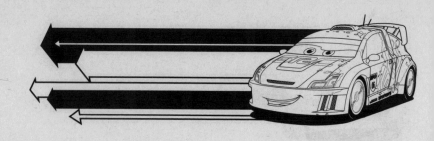

ALTERNATIVE FUELS   KNIGHTED

AXLEROD   MASTERMIND

BIG BOSS   NEXT MISSION

CEREMONY   PALACE

ELECTRIC ENGINE   PODIUM

EVIL PLOT   QUEEN

EXPOSED   RETURN HOME

GUARDS   SECRET IDENTITY

Disney · PIXAR

Cars

Disney Pixar elements © Disney/Pixar

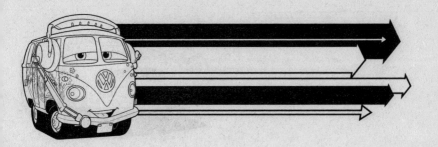

```
M A S T E R M I N D M B E O W E
X Z S E C R E T I D E N T I T Y
D Z G G G R O Y Y W C A R P P A
M S N D N D N Q D L E M E V D W
Q U E E N F C I E E R Q T A W H
A L T E R N A T I V E F U E L S
T D T E X E X A P I M R R R D K
O Z M U Z X L O A L O B N U I Z
D P L J U P E S L P N I H W C X
O O Z Y Y O R Q A L Y G O S V V
E D Z F V S O X C O U B M G V E
A I R V R E D M E T H O E L S L
O U D G T D P L L N G S Q T X U
Q M W R N E X T M I S S I O N W
S E E L E C T R I C E N G I N E
R G K N I G H T E D G U A R D S
```

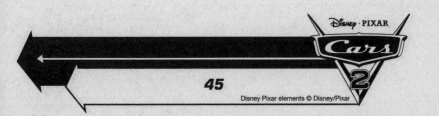

Disney Pixar elements © Disney/Pixar

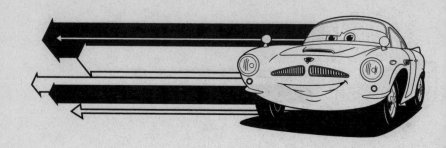

ADVENTURE	PURSUIT
EVIL PLOT	RADIOS
HERO	SECRET AGENT
INTELLIGENCE	SECRETS
INVESTIGATE	SNEAK
MASTERMIND	UNCOVER
MYSTERIOUS	VILLAIN
PHOTOS	WORLDWIDE

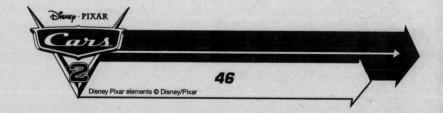

Disney Pixar elements © Disney/Pixar

```
S F M O Q E R I G S I I Y O Y M
J E Y J O V J X L N H N F E W A
P V C B L W U V V E E T M M X S
H Z X R M P W P D A R E A M K T
O O J R E P R V A K O L D Y J E
T K R V U T Z V A F Z L V S N R
O J R B R N A S M Y E I E T H M
S R Z A O P C G O A Z G N E N I
E Z T C B H U O E M C E T R R N
C V A W P I I R V N Z N U I J D
R I N B J Y Q P S E T C R O R Z
E L Z B F Z L M Y U R E E U F F
T L W R A D I O S G I F W S W E
S A T E V I L P L O T T A Y T X
X I P W O R L D W I D E F R V G
I N V E S T I G A T E U G V L P
```

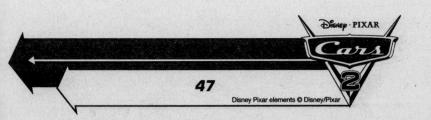

Disney Pixar elements © Disney/Pixar

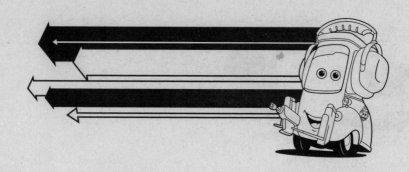

AXLE	**MIRRORS**
BODY	**SCOOP**
BUMPER	**SPOILER**
DECALS	**TIRE**
ENGINE	**TRUNK**
EXHAUST	**WHEEL**
HOOD	**WINDOWS**
LIGHTS	**WINDSHIELD**

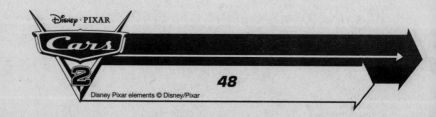

Disney Pixar elements © Disney/Pixar

```
O B O D Y O F K D E C A L S G Y
A N D C A W N P M Y I T L S J M
R V O J B U I N Q O M I I C H T
Z F L G R N O N Z W T R G O K T
M H G T D G P S D M L E H O A D
U B C G A T W V P O B H T P J D
F M K Z X X J I C O W Y S M F E
P I T V E M I S N F I S Q I B N
X H U L N I G D Y D Z L K S E G
L J X W O R G X C B S G E X G I
Y A V H H R K Q M F S H B R D N
Y R Q E O O M V F V L K I V I E
B K F E O R F B U M P E R E L K
B R G L D S W X M K V L B C L W
Z B A J C Q K G R K L W N O X D
U E X H A U S T M R Y P R N D H
```

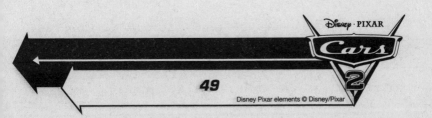

49

Disney Pixar elements © Disney/Pixar

ALEXANDER	**J. CURBY**
ALTERNATIVE FUELS	**LEMONHEADS**
AXLEROD	**PACERS**
FAMILIES	**PROFESSOR Z**
GREMLINS	**TRUNKOVS**
HENCHMEN	**TUBBS**
HUGOS	**VICTOR**
IVAN	**VLADIMIR**

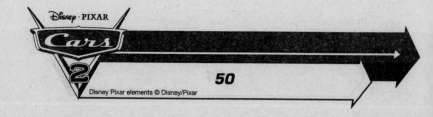

Disney Pixar elements © Disney/Pixar

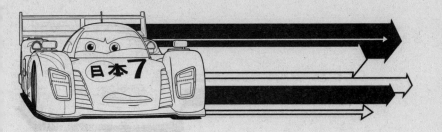

```
V J T F A M I L I E S F B X E Y
L G A Z L L X K E S P A C E R S
A K L E T R A S E D T V L F C P
D G E Y E Y T G R E M L I N S R
I Q X F R J U E Z W B C A I A O
M T A S N Y B J O Q R A L E Y F
I K N J A J B S C I E C L N D E
R K D C T T S L V I C T O R B S
T C E U I L E M O N H E A D S S
A M R R V E N K V Q O E N P G O
X F B B E U I Q M O G A Z N K R
L O Y Y F G U H M S V Q B U X Z
E R X H U X S N S I U V V T V Q
R J D A E X H U G O S L Y A Y V
O I B P L S V O T R U N K O V S
D O N P S H E N C H M E N Q P Z
```

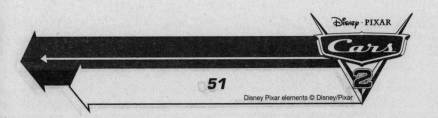

Disney Pixar elements © Disney/Pixar

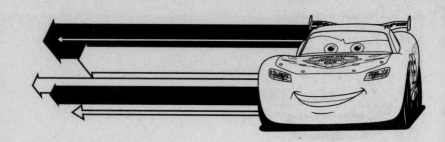

CAR CRUSHER   PACERS

CRAB BOAT   PACIFIC OCEAN

DISGUISE   PROFESSOR Z

FINN MCMISSILE   SECRET DERRICK

GREMLINS   TAKE PHOTOS

INFILTRATE   TORQUE

LELAND TURBO   TRANSMISSION

MAD SCIENTIST   TV CAMERA

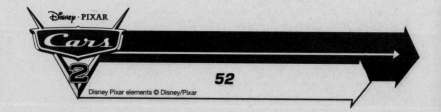

Disney Pixar elements © Disney/Pixar

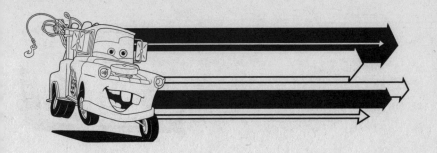

```
T F I N F I L T R A T E L A T O
A T E T M A D S C I E N T I S T
K H X Q N G B L A D A O K C G E
E C P J T Y Q R X E X C Y H L E
P C O B D R E Y C D I D O I S E
H A A S U M A O X R G K S I L G
O L V T A U C N R D T S U T P R
T P C C I Z E S A I G C B R E
O T V Z F T D P O M S T G Q O M
S T C I J T H B C I I W X O F L
X L C W E S B M D H E S F H E I
J A S R V A N P A C E R S H S N
P K C C R N P L T Z B W N I S S
E E W C I B A K T O R Q U E O U
S P T F Q C A R C R U S H E R N
B W L E L A N D T U R B O C Z H
```

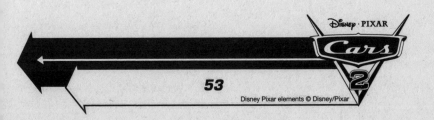

Disney Pixar elements © Disney/Pixar

ADVENTURES   INFAMOUS

BEST FRIEND   LIGHTNING

DIVE   MATER

ESCAPE   PISTON CUP

HENCHMEN   RACE CAR

HIDING   RADIATOR SPRINGS

HOMECOMING   SALLY

HUDSON HORNET   SUBMARINE

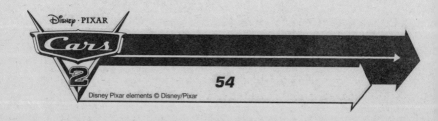

Disney Pixar elements © Disney/Pixar

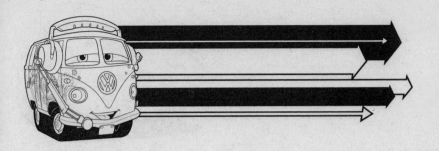

```
R S T V H Y L G P D K D R O I D
A R W Y B U N I W B N W H X N H
D Y B S A A D T G E K A Y V F O
I B J J P D W S I H R Y O P A M
A E V C S T V R O A T K W P M E
T Z W H Q E F E C N F N D Z O C
O U Y M M T D E N E H K I G U O
R M F B S O C E Q T S O Q N S M
S A J E T A M E D L U C R N G I
P T B I R H C A B U R A N P N
R E N R C E D Y R O I U E P E G
I R L N P I S T O N C U P S E T
N A E J G T M T M Q S A H O Q B
G H Z D I V E S U B M A R I N E
S O B G S A L L Y R H I D I N G
L J F Y O E G G A B N A Q L L W
```

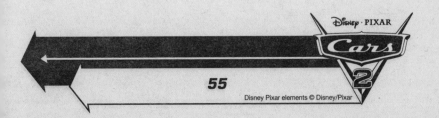

Disney Pixar elements © Disney/Pixar

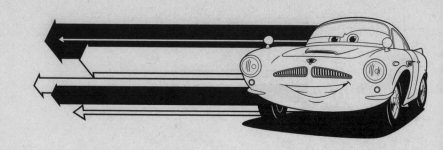

ADVENTURE	LIGHTNING
FASTEST CAR	MATER
FINN	RACETRACK
FRANCESCO	RADIATOR SPRINGS
FRIENDS	RETURN HOME
GRAND PRIX	ROCKETS
HEROES	SPY MISSION
HOLLEY	WINNER

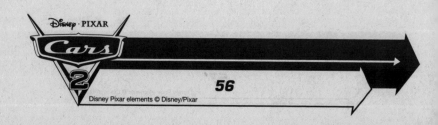

Disney · PIXAR

Cars 2

Disney Pixar elements © Disney/Pixar

```
V F G J H M B R A C E T R A C K
U P R G E E S B R W M K M S B Y
T U A Q R D F R A N C E S C O G
U S N U O R S P Y M I S S I O N
A B D F E N H K F Z V X K E C O
A G P A S L Q R J R Y W M I J C
D S R S O E I H O W I O M C U F
V D I T M T F G H C H E G K K H
E S X E L N M S H N K F N F J O
N A K S X G E A R T G E A D O L
T K O T E F H U T W N S T I S L
U N J C E T T U J E R I J S M E
R N M A P E U X E Q R K N Z E Y
E T V R R C F S T L U L I G Q J
L C A A P C W I N N E R F I N N
R A D I A T O R S P R I N G S H
```

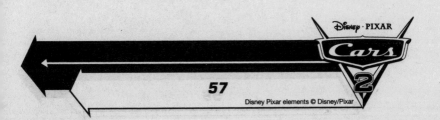

57

Disney Pixar elements © Disney/Pixar

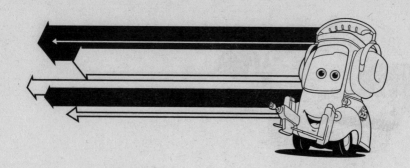

ALLINOL   INTERVIEW

ALTERNATIVE FUEL   MEL DORADO

ARROGANT   OIL BARON

AXLEROD   SPONSOR

ELECTRIC ENGINE   TELEVISION

FRANCESCO   WAITER

GLOBETROTTING   WHEEL WELL

GUIDO   WORLD GRAND PRIX

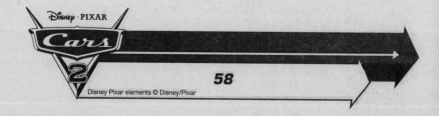

Disney·PIXAR
Cars 2
Disney Pixar elements © Disney/Pixar

```
W W E L E C T R I C E N G I N E
O J V I G L N A L L I N O L A O
R O I N I A C W H E E L W E L L
L G L O B E T R O T T I N G T W
D F P M M C S I T V W U R F E U
G B S G E O H K E E B O I T R A
R G S B I L R H I G S V O E N R
A W M A C Q D V Q N D O I L A R
N A S T B M R O O O C C L E T O
D I G E T E C P R S T T B V I G
P T F E T U S E E A S O A I V A
R E J N Y W L C B Y D J R S E N
I R I D O X N V Y I K O O I F T
X T K H A A H D U C C G N O U D
E B Z R R Y E G P M R W B N E N
O U S F V W D M X Y B G Y C L D
```

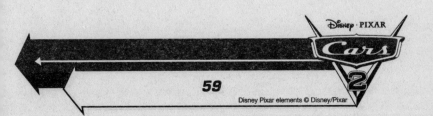

59

Disney Pixar elements © Disney/Pixar

BREAK DOWN MEMORIAL

DOC MUSEUM

EARTH MOVER NEW DENT

GREETING OTIS

HOMECOMING PISTON CUP

HUDSON HORNET RADIATOR SPRINGS

LEMON RELAXING

LIGHTNING SALLY

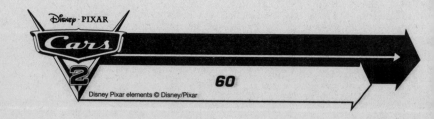

Disney Pixar elements © Disney/Pixar

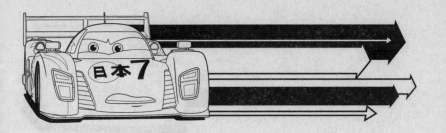

```
U L R P I S T O N C U P P S V U
Z D L V O R M J T P U X H R E J
I E T Y Z J O B R E A K D O W N
R Y B B E N G R E E T I N G R N
H U D S O N H O R N E T G S F Y
W M H M U S E U M S A L L Y Q V
J R A D I A T O R S P R I N G S
Z E A R T H M O V E R N R V W J
Z T B L N F Y P C C R O M L H T
S A M L I G H T N I N G A T R K
O U G R E L A X I N G I N W O D
H O M E C O M I N G R E J A T X
Z C H C C L A H W O D F J M I S
V H O X R B T E M W T P J O S S
K D T F M R W E E X U U W E Q G
L E M O N R M N W E E T D U M G
```

Disney Pixar elements © Disney/Pixar

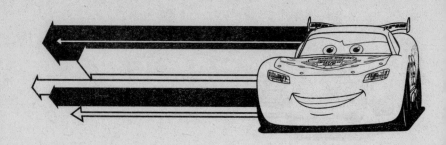

DOC	**MACK**
FILLMORE	**MATER**
FLO	**RADIATOR SPRINGS**
FRIENDS	**RAMONE**
GUIDO	**RED**
LIGHTNING	**SALLY**
LIZZIE	**SARGE**
LUIGI	**SHERIFF**

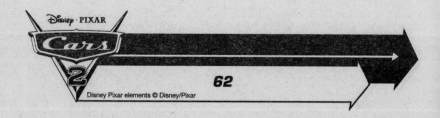

Disney Pixar elements © Disney/Pixar

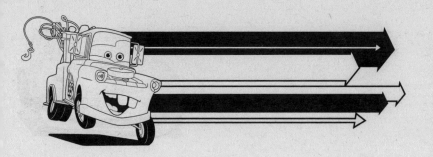

```
Y D O C F W R O V P F I Y F S T
D U N Y V O F K K W R L B R Q A
W S F T L I G H T N I N G L B T
E N A D O N G U D V E H U D G J
G Z R L D R Z Z O P N W R K U S
L J B V L M A K T N D T O F I M
S A R G E Y R W U H S K V Y D F
J I Y C B D U W S N M B Y W O W
R A D I A T O R S P R I N G S F
V F F I L L M O R E C B M D W E
S H E R I F F X F L O K E A I L
K A M B M F M U I L Z R A Z C Z
E A A U O Q T P P E U S Z D P K
Z I T M P S R Y P Z M I E N S G
P H E P P G X N D G L Q G R J Q
O W R A M O N E J G V Y V I P U
```

Disney PIXAR

Cars
2

Disney Pixar elements © Disney/Pixar

ACER   INTERROGATE

AMERICAN SPY   LEAK OIL

ATTACK   MEETING

BATHROOM   PARTY

EMBARRASSING   PLANT DEVICE

GREM   SOPHISTICATED

HOLLEY   TEAM LIGHTNING

INFORMATION   TORQUE

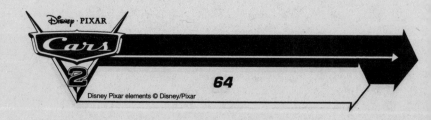

Disney Pixar elements © Disney/Pixar

```
T O L X Z A U G C U A L K H L T
W O I E M P Y I E B M M L H V E
S R R T A K U N X E E E H I B A
L O A Q C K X W H E R E T N P M
L K P A U Q O M L N I T H Q F L
T W T H Y E O I B X C I O I H I
X T F F I O R M L C A N L P F G
A P X M R S E E Q N N G L A M H
X W S H L R T P D T S R E R H T
I Y T G G H Q I E E P E Y T G N
Z A B H X Q B T C X Y Q K Y H I
B W A E M B A R R A S S I N G N
Z A C E R I H U Q U T R T C K G
M I N T E R R O G A T E Y P Y Y
P L A N T D E V I C E O D T Y I
Z Y I N F O R M A T I O N B A H
```

Disney · PIXAR

Cars 2

Disney Pixar elements © Disney/Pixar

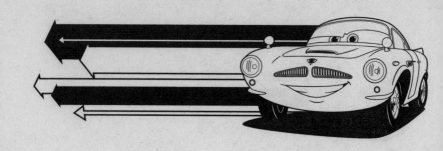

ACER	INTERROGATE
ALLINOL	MIGUEL
EXPLOSION	PROFESSOR Z
FINN	SPAIN
FIRST RACE	THUGS
GREM	TORQUE
HENCHMEN	TV CAMERA
HOLLEY	WRONG TURN

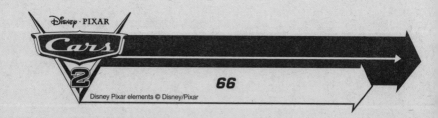

Disney Pixar elements © Disney/Pixar

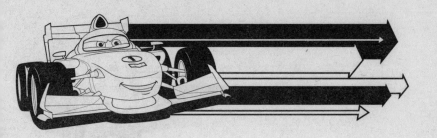

```
N K E G E X P L O S I O N K M Z
I F W O F I N N G A B S P E R M
O X W Q O R Z E X P O L R O G J
Q F I R S T R A C E O G S N U B
I L W W O Y F X A N M S E I B W
P F L R F F C R I W E M R N H R
T I L H Q A E L D F H Y A T K O
O W X W E M L L O C G V N E Y N
R N Z O A A D R N M Z A M R A G
Q M L C U J P E V O N C M R D T
U L V J Z T H R C J P E A O K U
E T M I G U E L Q U Y R R G O R
J X W I J T H O L L E Y U A H N
C O Y F T F B Y R K D E Z T P S
S P A I N Y U N E F H Y Y E Q I
T H U G S J L L R B L X J Z Q I
```

Disney Pixar elements © Disney/Pixar

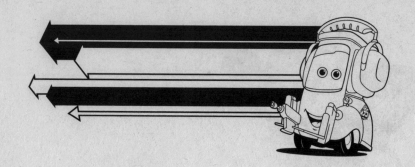

ALLINOL

MONEY

AXLEROD

OIL RESERVE

BIG BOSS

POWER

CASINO

PROMISES

GAS FUEL

RESPECT

LEMONHEADS

SAFE FUEL

MASTER PLAN

STARTING LINE

MISSING

TV SCREEN

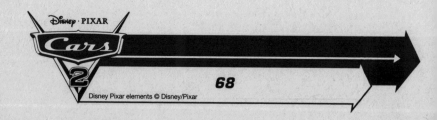

Disney Pixar elements © Disney/Pixar

```
T Z X V E U G S B F E H S I S K
V Z U J B S O I I S B W A B D F
S Y C W R T W P G R P K F O Q T
C W C N R A K Y B E L D E H D U
R N J A M R Y O O S T F F M F C
E A N X S T S A S P X M U A V O
E L F K K I R C S E P O E D A I
N L Q A Z N N F F C Z N L A M L
W I Q M D G G O A T M E L X I R
M N U C B L R A X Y W Y V L S E
H O T D O I M P R O M I S E S S
H L H D I N E K P O W E R R I E
A U T A R E M U Z S A S X O N R
M A S T E R P L A N P W A D G V
O M L E M O N H E A D S B U H E
W L Z C Q J W G A S F U E L F D
```

Disney · PIXAR
Cars 2
Disney Pixar elements © Disney/Pixar

AIRPORT	**MEETING**
CHASE	**OBLIVIOUS**
CONFRONT	**SIDDELEY**
DISGUISE	**SPY PLANE**
FINN	**TARMAC**
FRUSTRATION	**TROUBLE**
GO BACK HOME	**VICTORY LANE**
INTERCEPT	**WEAPONS**

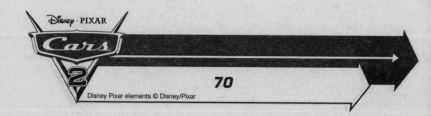

Disney Pixar elements © Disney/Pixar

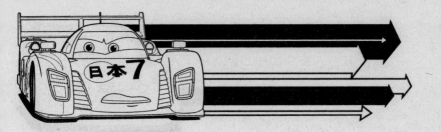

```
Y C O N F R O N T G R T J N L Y
L A U X Q G S D H W P E J G V G
A E A G K N W C G E N W T O L T
T R O U B L E R C A V S T B P I
B G E Z X D K R L S R P S A X X
O T S C K J E Y C F N Y I C G B
B U H D Y T R K H R H P D K S Q
L T X K N O H Z A U U L D H B U
I F G I T F C I S S I A E O O T
V V F C Q F Y S E T C N L M P A
I D I S G U I S E R L E E E C R
O V M I S I I N R A L C Y J E M
U Q F X I N P X N T S Z P X F A
S T M E E T I N G I C Y R P R C
P J A K A A I R P O R T J D T D
N B C H W E A P O N S R G H I R
```

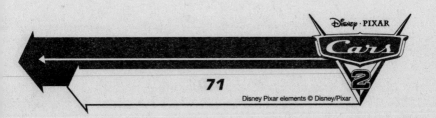

Disney Pixar elements © Disney/Pixar

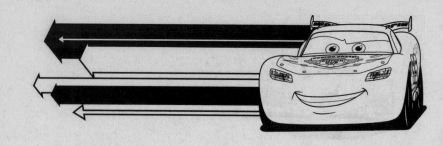

BUDDY

LETTER

DOWNLOAD

MATER

ENGINE

PARIS

FLIGHT

PARTS DEALER

FOLLOW LEADS

PHOTOGRAPH

HOTEL

SECRET FILES

INFORMATION

TOMBER

INVESTIGATE

TORQUE

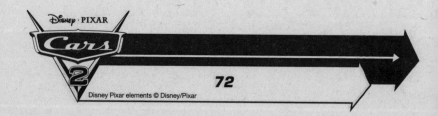

Disney · PIXAR

Disney Pixar elements © Disney/Pixar

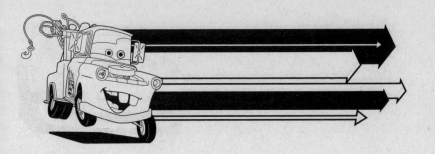

```
C M J C A N M P C R A T R R J F
F V I F U M L E T T E R K O G O
J V P Z K B V A C R Y V D Z P L
R I S I M H D Q X R L B L V C L
P A R T S D E A L E R U L L E O
O F G E N G I N E A Q D Z B L W
D L C J T V I B N N T D W O H L
N I T Y T K N Z Y R O Y R Z Y E
W G O X I N V E S T I G A T E A
P H R L R Y O I Z J Z H B R S D
A T Q N I P D O W N L O A D A S
R M U J V X R T O M B E R W D D
I A E Y P H O T O G R A P H V T
S T V E F L U S H T B H O T E L
M E P Z S E C R E T F I L E S S
Y R R M T I N F O R M A T I O N
```

Disney · PIXAR

Cars 2

Disney Pixar elements © Disney/Pixar

EXPENSIVE

NAMELESS

FOLLOW LEADS

ORIGINAL PARTS

FRANCE

PACER

GREMLIN

PARIS

HUGO

SPARE PARTS

INTERESTED

TOMBER

MARKETPLACE

TRUNKOV

MYSTERIOUS

VENDORS

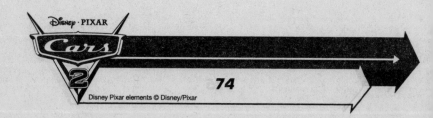

Disney Pixar elements © Disney/Pixar

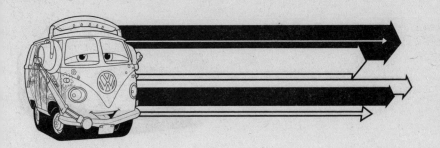

```
G N P F R M X W C Z Z V O P X R
X F A O Y P C T U R U E R Q B D
V V R L A T V H E P V H I T E P
E F I L C A E B L O U W G J X P
N R S O N K M Z K B D E I M P P
D A P W Z O U N M E C J N N E S
O N N L T F U T T A C G A A N P
R C P E O R D S L Q Q R L M S A
S E D A T D E P C P C E P Q I R
X T Y D V R T S T A E M A H V E
D R R S E E H B I C B L R F E P
G N L T K I P R I E L I T Y M A
K K N R Y K S I W R D N S R E R
S I A U M Y S T E R I O U S S T
B M J U V V C H U G O G R R P S
N A M E L E S S F L O D Q X Z G
```

Disney·PIXAR

Cars 2

Disney Pixar elements © Disney/Pixar

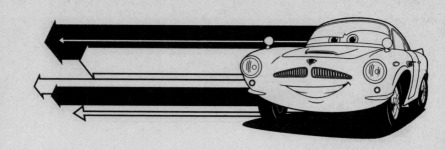

ADVICE

APOLOGIZE

AUNT

BEAUTIFUL

FAMILY

FRIENDSHIP

GUIDO

HOMETOWN

ITALY

LUIGI

PORTO CORSA

REST

SANTA RUOTINA

TOPOLINO

UNCLE

VISIT

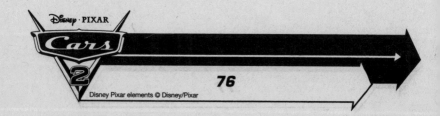

Disney Pixar elements © Disney/Pixar

```
P O I K L D R E S T T S Z F T A
Z K J H I C J A C L M I E R N I
U V M D H O M E T O W N Y I R Z
T O P O L I N O W E Z R T E W N
Z E W D F Y Z Q C L A O U N P Q
P Q F X A Z I I U R U X N D V A
M P A C T U V P X R N E W S E L
I O M N R D N U A V V Y K H W U
G R I S A N N T O E R I D I W I
N T L E H B N K F L M D S P N G
S O Y M M A P Y Y S M T G I O I
B C J E S B E A U T I F U L T D
Z O A P O L O G I Z E Q B G W H
R R U J I R C Y I T A L Y B T S
W S D F G V I N U N C L E M O X
V A P Y A J K B B W X G U I D O
```

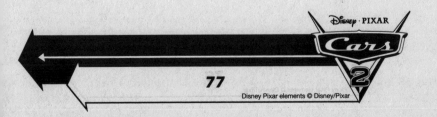

Disney·PIXAR

Cars 2

Disney Pixar elements © Disney/Pixar

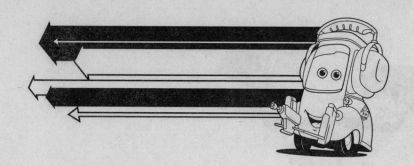

BIG BENTLEY   FINN

BOMB   HOLLEY

BREAK FREE   LONDON

CAPTURED   NOISY

CROWD   PARACHUTE

ESCAPE   PRESS TENT

FANS   REPORTERS

FINAL RACE   TIED UP

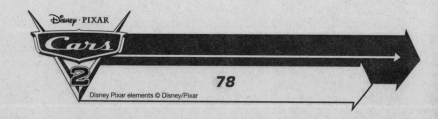

78

Disney Pixar elements © Disney/Pixar

```
I Q B W F F T W B R T I E D U P
B J R K E P P P R E S S T E N T
U N W D R A B R E A K F R E E P
Y L U Y T R U I Z U B G L H V N
O C L O M A M C N B M L P Z N F
U X O P O C B P N I H C M B A I
S X N C K H S Q A G N A V S V N
E O D O N U E N E B O P Y Z G N
S E O O J T A C S E I T H Y G F
C P N T U E A Y O N S U O Q V G
A Z W U G R B T L T Y R L Q D H
P O L Q L M C L O L Q E L H C V
E Q N A O N L H P E H D E J R D
Y X N B W F Z A P Y M R Y X O Q
C I R E P O R T E R S J Z G W I
F A N S L N P F I B R G D G D O
```

Disney · PIXAR

Cars 2

Disney Pixar elements © Disney/Pixar

ANTENNA	MYSTERY
AXLEROD	PALACE
BIG BOSS	PROUD
CELEBRATION	QUEEN
DISARM	SAVED THE DAY
HONORED GUEST	TRUE IDENTITY
KNIGHTED	VILLAIN
MATER	WHITWORTH BOLTS

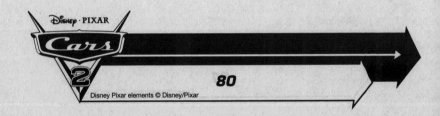

Disney Pixar elements © Disney/Pixar

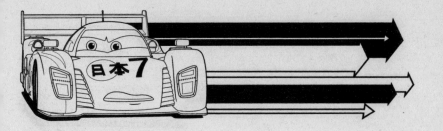

```
C E L E B R A T I O N C L T N N
B Y P S U A N T E N N A D P A I
K F L A D A P L M O C Y D C X B
W H I T W O R T H B O L T S L N
E F G I V V M B E X O B K J E V
O M Z M P I A V P A L A C E R K
Z M T O R E T U K V M O Z V O N
F L Y U O R E K D I S A R M D I
H P U I U W R R H V F G V Q D G
S A V E D T H E D A Y O Q I J H
E C M Y S T E R Y S K H U D O T
B T P X G P E F K A E O E I D E
M B I G B O S S Y S O R E M M D
T R U E I D E N T I T Y N N N O
H O N O R E D G U E S T J C D N
B F M R U P V I L L A I N X N W
```

Disney Pixar elements © Disney/Pixar

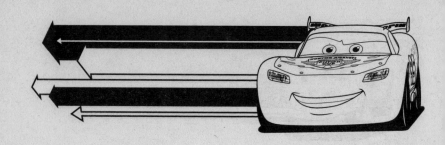

BUMPS	RACE
CARS	STANDS
COURSE	START
FANS	STRAIGHT
FINISH	TRACK
LIGHTS	TROPHY
PITS	TUNNEL
PODIUM	TURN

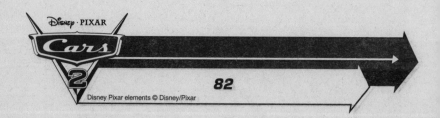

Disney Pixar elements © Disney/Pixar

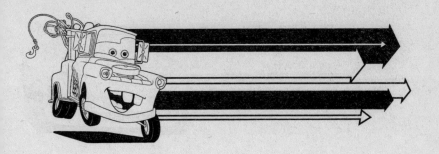

```
I Y B B Z W X W L T A G Z W Y S
S T I C A R S L T I Q R G I C T
T R O P H Y E V U D G N W D N R
I M S K Y N D P R I Y H Y M I A
Z M P W N V F X N K B K T T Y I
G W A U O B R A C E B H R S F G
Y R T X W W H Z D N S A X J M H
Q T X O V P I T S I T Y E W F T
B R R P V S D G N S Z T A P O O
U A N I O L R I J I Z J R K E Y
M C V S Y D F R H R Y F E D X S
P K K Q P O I O L K U A Y R S Z
S T A N D S U U Z R P N T X F I
B Y E Q J U R A M H I S T B I Y
I C O U R S E K B P D R E F X S
J M K O A R M X I B X R D F V V
```

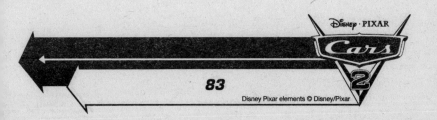

Disney Pixar elements © Disney/Pixar

ANNOUNCER   NEWS

BROADCAST   PROGRAM

CAMERAS   RACING

CHANNEL   RECORD

COMMERCIAL   REPORT

EVENTS   SHOW

LIVE   TELEVISION

NETWORK   VIEWER

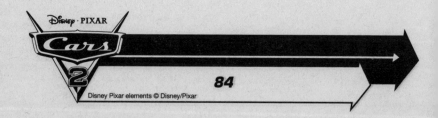

Disney Pixar elements © Disney/Pixar

```
L A U B C F L M H N E T W O R K
W T N C H A N N E L L R U P Z O
J Q V N R L M R J Q D U Y R A G
W B X E P Z C E X B J N S O T E
V M R V G Q O Y R B W F P G W T
Y K O E E W M X S A T T D R F E
C P A N K T M R N T S F U A R L
J I N T J M E A E B B U D M E E
A V N S B R R C W D R I R C P V
V I O I W E C I S C O J O V O I
H E U A S C I N M A A R S L R S
T W N D M O A G G N D A H I T I
A E C O H R L E S P C H O V V O
T R E M S D X D G Q A F W E B N
K S R U K M H H E Z S Y F I C L
Z C Q R H Y U I S L T F A D I C
```

Disney·PIXAR

Cars

Disney Pixar elements © Disney/Pixar

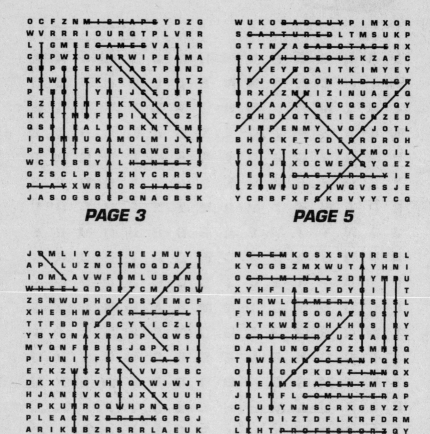

PAGE 3

PAGE 5

PAGE 7

PAGE 9

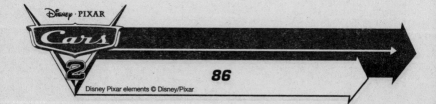

Disney Pixar elements © Disney/Pixar

ANSWER KEY

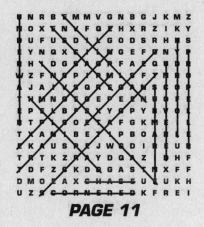

PAGE 11

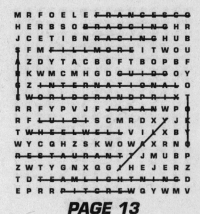

PAGE 13

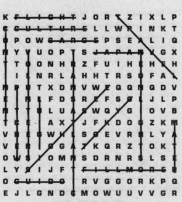

PAGE 15

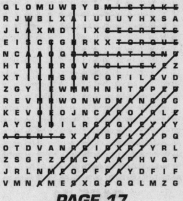

PAGE 17

Disney Pixar elements © Disney/Pixar

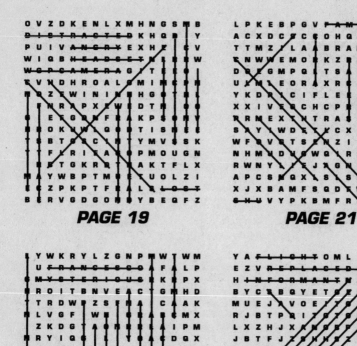

PAGE 19

PAGE 21

PAGE 23

PAGE 25

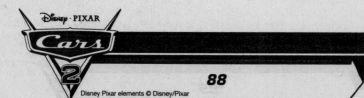

Disney Pixar elements © Disney/Pixar

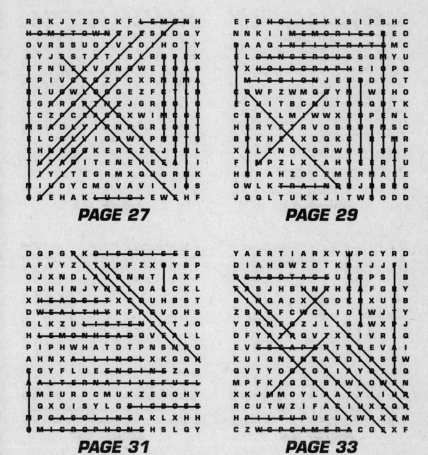

PAGE 27

PAGE 29

PAGE 31

PAGE 33

Disney·PIXAR

Cars 2

Disney Pixar elements © Disney/Pixar

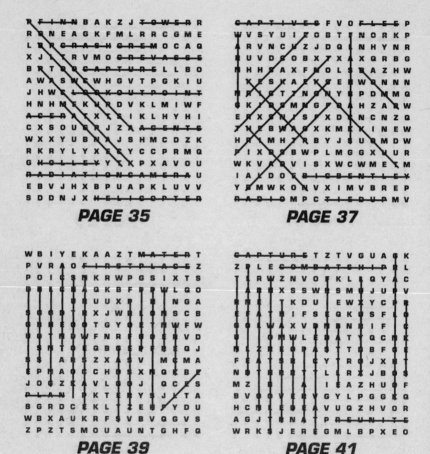

PAGE 35

PAGE 37

PAGE 39

PAGE 41

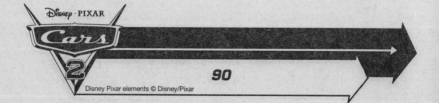

Disney Pixar elements © Disney/Pixar

ANSWER KEY

PAGE 43

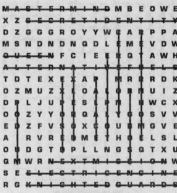

PAGE 45

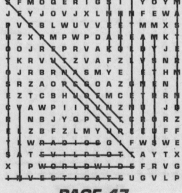

PAGE 47

PAGE 49

DISNEY · PIXAR
Cars 2

Disney Pixar elements © Disney/Pixar

ANSWER KEY

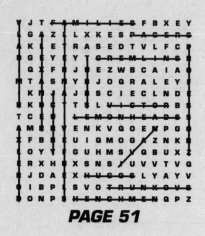

PAGE 51

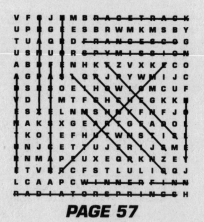

PAGE 53

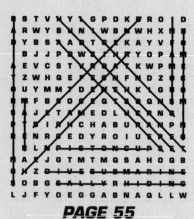

PAGE 55

PAGE 57

Disney Pixar elements © Disney/Pixar

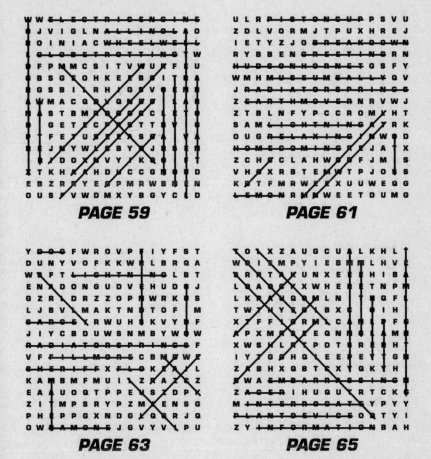

PAGE 59

PAGE 61

PAGE 63

PAGE 65

DISNEY · PIXAR

Cars 2

Disney Pixar elements © Disney/Pixar

ANSWER KEY

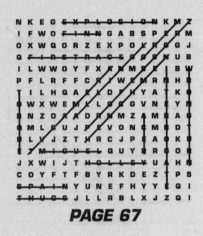

PAGE 67

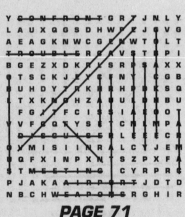

PAGE 69

PAGE 71

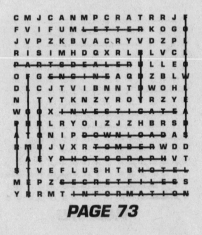

PAGE 73

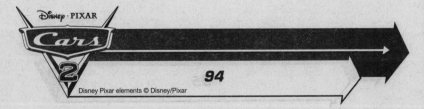

94

Disney Pixar elements © Disney/Pixar

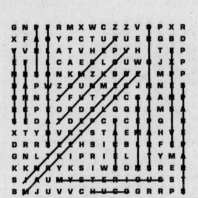

PAGE 75

PAGE 77

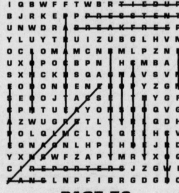

PAGE 79

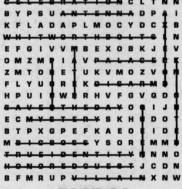

PAGE 81

Disney · PIXAR

Cars 2

Disney Pixar elements © Disney/Pixar

PAGE 83

PAGE 85

Disney Pixar elements © Disney/Pixar